Ich wünsche mir nur eine Feuerwehr

Silke Rosenberg

Mama, Oma und
Geschichtenerzählerin

1

Vor 4 Wochen überlegte sich Jan, was er sich zu seinem Geburtstag wünschen kann. Eigentlich gibt es da gar nichts zu überlegen.
Schon ganz lange möchte er eine große Feuerwehr mit Fernsteuerung. Aber die sind so teuer. Also, denkt er sich: `Warum viele Geschenke? Ich wünsche mir nur eine Feuerwehr. Das reicht. `

Letztes Jahr zu Weihnachten bekam Jan eine Feuerwehrstation zum selbst auf- und umbauen. Die ist toll! Da ist aus Plaste sogar eine Wasserkanone auf der Station.

Leider stand die Feuerwehrstation zu nahe unter dem Weihnachtsbaum. Und als Jan die Plastewasserkanone abdrückte, schoss das Plastewasser wie eine Rakete in den Baum und somit fielen mindestens 3 Weihnachtsbaumkugeln vom Baum. Peng! Klirr! Peng! Klirr! Peng! Klirr! Kaputt! Alle 3 Kugeln! Oh, weh! Aber irgendwie hat es auch Spaß gemacht, was zu treffen. Und Jan schoss gleich nochmal in den Baum. Peng! Peng! Klirr! Klirr! Damit waren noch mal 2 Kugeln kaputt. Es machte so einen Spaß!

Erst hat er nichts gesagt, damit Mama nicht traurig ist oder schimpft. Aber Mama bekommt immer alles mit und hat es von der Küche aus gesehen und es klirren gehört.

Sie hat nicht geschimpft. Sie hat die Scherben mit dem Besen auf die Schaufel gekehrt. Jan hat schnell den Staubsauger geholt und den Rest der Glasscherben aufgesaugt. Weil er nun doch ein schlechtes Gewissen hatte, half er ganz schnell mit, ohne zu meckern. Dabei hat er genau gesehen, wie Mutti geschmunzelt hat.

Seine Schwester Lisa hielt sich den Bauch vor Lachen, weil Jan immer noch verstört, mit großen Augen in die Runde schaute. Nun fing auch Mama an, Tränen zu lachen und Jan stimmte in das Gelächter mit ein. Ha, ha, ha, ha! Hi, hi, hi, hi! Schallte es durch die Wohnung.

Dann drehte Jan aber die Wasserkanone in eine andere Richtung. Man muss ja nicht die anderen mit Absicht noch verärgern und noch mehr Kugeln vom Weihnachtsbaum herunter schießen. Zumal über sein Missgeschick und sein schockiertes Gesicht auch noch gelacht wurde.

Ein bisschen schämte sich Jan, aber später, in ein paar Jahren, kann er bestimmt mit den anderen darüber lachen, wenn sie sich an das Weihnachtsfest erinnern werden.

Bestellt und noch nicht abgeholt

Seit Jan in der Schule lesen gelernt hat, geht er einmal im Monat mit Lisa oder seiner Mama in die Kinderbücherei. Die Bücherfrauen sind sehr nett und kennen von allen Kindern die Vornamen. Sie begrüßen Jan und Lisa immer ganz freundlich. Da geht Jan gern hin. Am liebsten leiht er sich Bücher über die Feuerwehr, Polizei, Züge, Bauernhof, Tiere, Flugzeuge und Krankenwagen aus.

Und heute ist wieder ein Büchereitag für die ganze Familie. Das Buch über die Feuerwehren aus verschiedenen Ländern steht endlich zum Ausleihen im Bücherregal.

Da es dick ist, nimmt Jan heute nur dieses Buch mit nach Hause. Statt 2 bis 3 Bücher, wie sonst. Er freut sich schon darauf, darin zu blättern. Sich die Fotos der verschiedenen Feuerwehren anzuschauen und die Beschreibungen dazu durchzulesen.

Mutti macht nun den Vorschlag, dass sie nach der Bücherei in den Spielzeugladen in die Stadt gehen. Lisa hat keine Zeit mehr mitzukommen, da sie noch zum Training gehen möchte.

Also gehen Jan und Mutti allein in den Spielzeugladen.

Jan soll schon mal schauen, welche Feuerwehr ihm gefallen würde. „Ich möchte dir das richtige Auto zum Geburtstag schenken. Da ist es besser, wenn du es selbst aussuchst, damit du an deinem Geburtstag nicht enttäuscht bist." meint Mutti zu Jan. Sie steht vor dem hohen Regal im Geschäft und betrachtet sich die vielen Spielzeugautos und verschiedenen Feuerwehren.

Jan antwortet empört: „Ich will doch kein Auto! Ich wünsche mir nur eine Feuerwehr!"

Mutti verdreht lächelnd die Augen: „Ja, klar! Ein Feuerwehrauto natürlich."

Indessen kommt die nette Verkäuferin zu ihnen und fragt, ob sie helfen kann.

Jan schaut Mutti fragend an. Er traut sich selbst nicht, was zu sagen. „Los, Jan. ich bin doch bei dir. Nun frag schon." ermutigt ihn Mutti.

Jan bekommt rote, heiße Ohren, holt tief Luft: „Ich, ich wollte gern die großen Feuerwehren da oben anschauen." flüstert Jan kaum hörbar und aufgeregt.
Mutti muss laut übersetzen: „ Jan hat bald seinen 8.Geburtstag und wünscht sich eine Feuerwehr und nichts anderes. Da wollten wir mal schauen, was sie so in ihrem Geschäft haben."

„Was?! Schon 8 Jahre wirst du alt?! Ich kenne dich seitdem du im Kinderwagen gesessen hast. Und dann als du anfingst mit dem Reden und das Laufen gelernt hast. Da bist du oft zu mir gekommen und hast seit dem immer mal ein kleines Auto ausgesucht. Da kennen wir uns schon 8 Jahre?!" staunt die Verkäuferin lächelnd. „Das ist ja toll! Na, dann zeig ich dir mal unsere Schätze an Feuerwehrautos."

Sie sprach vor Freude so laut, dass alle im Laden es gehört haben müssen. Oh, wie ist das Jan peinlich und nun wird er auch noch rot und es wird ihm wieder heiß und mulmig dazu.

Endlich geht es los. Die Verkäuferin holt 2 große Feuerwehren vom Regal. Dazu musste sie auf eine Leiter steigen. Gern wäre Jan die Leiter selbst hinauf und herunter geklettert.
Nun schauen sich alle 3 gemeinsam die Feuerwehren an. Jan schätzt, dass sie mindestens einen halben Meter lang sind. „Richtig schöne große Autos!" jubelt Jan. So sehr freut er sich. Am liebsten würde er beide Feuerwehren mit nach Hause nehmen. Und das sofort.

Um die Unterschiede herauszufinden, lesen sie zu dritt die Beschreibungen auf den Verpackungen durch und vergleichen sie miteinander.
Im Preis sind sie fast gleich. Das ist schon mal gut. Auf welches Auto die Wahl fällt, wird dadurch entschieden, was man mit dem Feuerwehrauto alles machen kann.

Eine Feuerwehr hat eine große Leiter und man kann auf einige Knöpfe drücken, um verschiedene Feuerwehrsignale zu hören.
Mit der Kabelsteuerung ist es möglich das Auto vor- oder rückwärts fahren zu lassen.
Oh, wie ist das interessant!
Am liebsten würde Jan sofort im Laden damit spielen und es ausprobieren wollen. Aber das geht leider nicht, da die Verpackungen verschlossen bleiben müssen. Sonst können sie nicht mehr verkauft werden.

Die Verkäuferin erklärt, weshalb die Autos so weit oben auf dem Regal stehen. Jeder der daran vorbei kommt, kann es nicht lassen und muss unbedingt die verschiedenen Signale ausprobieren und auf den Knöpfen, Schaltern und Hebeln herumdrücken.

Das nervt mit der Zeit, wenn man den ganzen Tag im Laden steht. Jedes Mal erschrickt man, wenn die Sirene losgeht, mit ihrem lauten, fast echtem „Tatüü, Ta taa!" Und außerdem ist es nicht schön, stell dir vor , du bist das Kind, was die Feuerwehr kaufen möchte und dann kommen keine Signale mehr, wenn du zu Hause damit spielen willst, weil so oft darauf herum gedrückt wurde, dass die Batterien leer sind oder es sogar kaputt oder beschmutzt ist. Das Kind oder du wären dann ganz schön traurig.

Nun zu der anderen Feuerwehr. Sie hat sogar eine Funkfernsteuerung! Das ist ohne das lästige Kabel. Die Leiter kann damit ausgefahren werden und die Fahrten können auch gesteuert werden. Signale gibt die Feuerwehr per Funksteuerung ab.

„Mutti, dieses Feuerwehrauto wünsche ich mir!" ruft Jan ganz aufgeregt und merkt gar nicht, dass er dabei angefangen hat auf und ab zu hüpfen.

Mutti lächelt. „Jan! Jan! Ganz ruhig mein Junge! Ja, Jan. Wenn sie dann noch da ist. Ansonsten gibt es ja bestimmt dann eine ähnliche zu deinem Geburtstag."

Die Verkäuferin stand die ganze Zeit weiter bei ihnen und hat zu gehört und sagt an Jan gerichtet: „Jan, weißt du was? Ich werde deinen Namen und deinen Geburtstag darauf schreiben und sie für dich hinten im Lager aufheben."

Jetzt bekommt Jan wieder rote Wangen. Diesmal vor Begeisterung. Er reist seine Augen erfreut weit auf und nickt immer wieder, vor Freude strahlend, die Verkäuferin zustimmend an. Er konnte kein Wort herausbringen. Nur mit breitem Mund lächeln. `Wie ein Honigkuchenpferd`, würde seine Oma sagen.

Mutti fragt: „Möchtest du das Feuerwehrauto an deinem Geburtstag auf dem Tisch stehen haben oder vielleicht sogar selbst kaufen?"

Kurzes überlegen und grübeln bei Jan. `Dann könnte ich sie ja selbst durch die Stadt tragen und alle schauen auf die große Kiste und alle können sehen, was ich für ein tolles Geschenk bekomme!´ Er entscheidet sich dafür, es selbst abzuholen.

Die Verkäuferin schreibt seinen Namen und seinen Geburtstag darauf. Bis zu dem Tag hebt sie die Feuerwehr für Jan im Lager des Spielzeugladens auf. Das dauert noch fast 4 Wochen.

Die Aufregung vor dem Geburtstag

Zwei Wochen später, somit noch zwei Wochen Zeit bis zum Geburtstag, waren Jan und Lisa zusammen Eis essen. Jan hielt es nicht aus und zerrte Lisa mit in den Spielzeugladen. Sie musste für ihn fragen, ob seine Feuerwehr noch im Lager parkt. Jan war zu aufgeregt und traute sich nicht, selbst zu fragen. Natürlich wartet die Feuerwehr noch auf Jan.

Die nette Verkäuferin ging sogar extra ins Lager, holte sie kurz in den Laden vor, um Jan zu zeigen, dass es sein Feuerwehrauto ist, da sein Name und sein Geburtstag auf einem Zettel auf der Verpackung stand. Davon konnte sich Jan selbst überzeugen. Jetzt kann er ja seit fast 2 Jahren lesen.

Puh! Glück gehabt! Jan hätte es jetzt nicht ertragen, wenn sie nicht mehr da gewesen wäre. Nun konnte er beruhigt die zwei Wochen bis zu seinem Geburtstag noch durchhalten.
Das war trotzdem nicht so einfach.

Nur noch einmal Schlafen

Endlich ist es soweit! Jan muss nur noch eine Nacht schlafen, dann ist endlich sein 8. Geburtstag.
Mutti fragt ihn abends noch, was er denn zum Geburtstagsfrühstück gern essen möchte. Kuchen schmeckt ihm nicht so toll zum Frühstück. Jan isst Kuchen lieber zum Nachmittag.

Also wünscht er sich ein Brötchen mit Butter, etwas Salz und etwas von der selbst gezogenen Kresse, eine Scheibe Käse darauf und dann noch ein gekochtes Ei. Aber bitte mit glibbrigem, weichen Eigelb. Dazu etwas frisch gepressten Orangensaft. Und alles am besten auf ein Tablett, um es im Bett genießen zu können.
Mutti lacht: „ Im Bett frühstücken! Haha! Du kommst auf Ideen. Auf, auf! Marsch! Nach dem Waschen an den Tisch. Herbei, herbei, es gibt Brötchen mit Ei." reimt Mutti fröhlich vor sich hin.

Mutti ist stolz, dass Jan genau weiß, was er will und nicht immer so unschlüssig hin und her überlegt, wie Lisa es oft tut. Bei ihr geht es oft: ` Ach ich weiß nicht. Soll ich lieber das oder das? Ach nein, lieber das.` Und so weiter. Da ist es mit Jan leichter.

Dann gibt es noch ein Gute-Nacht-Küsschen auf die Stirn, Jan kuschelt sich in seine Decke und dreht sich zur Seite und schläft zufrieden ein. Ein Wunder, dass er bei der Aufregung und Vorfreude so schnell einschlafen kann.

Endlich Geburtstag

Heute wird Jan gar nicht vom Wecker geweckt.

Nein, Mutti und Lisa singen ihm drei verschiedene Geburtstagslieder vor. Eins in deutscher Sprache, in Englisch und ein drittes in Russisch, welches am lustigsten klingt.

Da Jan den russischen Text in deutscher Übersetzung kennt, muss er lachen. Es geht in dem Geburtstagslied darum, dass es zwar regnet, aber das Geburtstagskind, Krokodil Gena, bei Regen in den Pfützen tanzt. Das klingt lustig.
Aber es regnet heute nicht. Und das ist gut so. Schließlich möchte Jan heute sein Geschenk trocken durch die Stadt heim holen. Der Tag kann nur so richtig super werden.

Ganz schnell zieht Jan sich seine Lieblingssachen an. Lisa hält schon ihr Mobiltelefon zum Fotos machen bereit und alle gehen zusammen ins Wohnzimmer. Dort steht der vorbereitete Geburtstagstisch.

Der Kerzenkranz ist mit 7 kleinen, weißen Kerzen und mit einer großen roten Kerze aufgestellt.
Also 8 Kerzen. Jan zählt lieber laut nach.
Keine fehlt. Juch hu!

Um die Kerzen herum sind einige seiner liebsten Süßigkeiten gelegt. Ein paar Blumen schmücken heute seinen Tisch, so wie in dem einen Geburtstagslied.

Ein Brief von seiner liebsten Tante wartet aufgestellt darauf, von Jan gelesen zu werden.
In diesem Jahr kann Jan ja nun endlich seine Geburtstagspost alleine lesen. Aber so aufgeregt wie er ist, zittert seine Hand und die Buchstaben tanzen wirr vor seinen Augen herum. Da übernimmt Mutti doch noch einmal das Vorlesen.

Tante Maria schreibt Glückwünsche und Grüße, ist traurig, dass sie heute nicht bei der Feier mit dabei sein kann, da sie so weit weg wohnt. Und statt einem Geschenk bekommt er etwas Geld von ihr, um das Feuerwehrauto heute selbst kaufen zu können.
Jan freut sich riesig darüber und nimmt sich vor, Tante Maria heute noch anzurufen, sich zu bedanken und ihr zu erzählen, wie sein Geburtstag war.
Aber nun muss der Tag erst einmal richtig beginnen.

Und was steht hier noch auf dem Geburtstagstisch? Ein Feuerlöscher! Ein echter kleiner Feuerlöscher! Wie Hausmeister Krause ihn in seinem Auto hat! Wie super ist das denn?!

„Den habe ich mir schon immer gewünscht! Mutti! Mutti! Darf ich meinen Kindern in der Schule erzählen, dass ich einen echten Feuerlöscher geschenkt bekommen habe? Oder darf ich ihn sogar mitnehmen und zeigen?" ruft Jan fast bettelnd.

„Haha! Jan! Erzählen darfst du es gern! Aber mitnehmen? Nein, lieber nicht." antwortet Mutti und ermahnt ihn, dass ein Feuerlöscher kein Spielzeug ist und er ihn nicht einfach so ausprobieren darf.

Aber nun ist Jan alt genug, das zu verstehen und keinen Blödsinn damit anzustellen.
„Aber Mutti! Das weiß ich doch! Das weiß ich doch! Der ist doch dafür da, wenn es wirklich mal in der Wohnung brennt." ruft Jan zurück.
„Jan, aber bitte lege nicht extra Feuer, nur weil du den Feuerlöscher unbedingt ausprobieren möchtest!"
„Nein, Mutti. Da brauchst du keine Angst haben." verspricht Jan. Und schüttelt verneinend den Kopf. Als ob er sowas machen würde. Nein, nein!

In der Schule wird Jan als erstes von seiner Lehrerin begrüßt und beglückwünscht. Als er dann in seiner Klasse an seine Mitschüler ein paar Süßigkeiten verteilt, schauen einige ihn erst komisch an, bevor sie „Danke" sagen, während andere gleich wissen, was los ist und ihm zum Geburtstag gratulieren. Die Überraschung mit den Süßigkeiten ist gelungen.

Der Einzige, der nicht nett zu Jan ist, ist der freche Lukas. Er hat wie alle anderen auch eine kleine Süßigkeit bekommen und schimpft trotzdem auf Jan ein: „Los, gib mir auch was!" Jan sagt erschrocken: „Aber du hast doch gerade was bekommen." Es war doch genau abgezählt.
Um sich den Tag nicht verderben zu lassen, wird er ihm morgen eben noch etwas mitbringen. `Aber so frech wie der war, habe ich gar keine Lust dazu`, überlegt Jan so für sich.

Endlich ist der Unterricht vorbei. Jan geht heute mal nicht in den Schulhort.

Mutti holt ihn von der Schule ab.

Sie hat extra sein Lieblingsessen gekocht:
Opa-Martin-Nudeln mit Makkaroni, Zwiebeln, Kartoffelwürfel, Saure Gurken und ein paar Schinkenwürfel. Oh, wie lecker. Ob da noch der Kuchen heute Nachmittag in seinem Bauch Platz hat?

Nach dem super Essen ist eine halbe Stunde ausruhen sehr erholsam.

Anschließend sind die Hausaufgaben heute schnell erledigt, da es nicht viel war und Jan im Unterricht in der Schule gut aufgepasst hat.

❖

Ab in den Spielzeugladen

Nun geht es endlich los. Jan und Mutti gehen in die Stadt, das Feuerwehrauto im Spielzeugladen abholen.

Ein bisschen nieselt es. Aber das macht nichts. Jan zieht den kleinen alten Handwagen von Opa Martin hinter sich her, um seine Feuerwehr trocken und schnell nach Hause zu bringen.

Im Spielzeugladen angekommen, wird er wieder von der freundlichen Verkäuferin begrüßt.
„Ach heute ist ja dein Geburtstag. Ich werde dir gleich deine Feuerwehr holen. Aber erst gratuliere ich dir ganz herzlich zum Geburtstag und wünsche dir Gesundheit, Spaß in der Schule, dass du fleißig lernst und tolle Freunde hast."

Die Verkäuferin geht hinter ins Lager und bringt den großen Karton mit der Feuerwehr nach vorn.

Zu Jan sagt sie: „Weil du heute Geburtstag hast und dein Geschenk selbst abholst, schenke ich dir noch diesen kleinen Feuerwehrmann dazu."

Jan ist überglücklich. Er schaut zu seiner Mutti auf, die ihm freundlich zunickt und bedankt sich bei der Verkäuferin. Jan bezahlt selbst aus seiner neuen Geldbörse und Mutti hilft ihm beim Einpacken. Jan kann es kaum noch erwarten, endlich zu Hause zu sein und seine Feuerwehr auszupacken und damit zu spielen. Aufgeregt plappert er den ganzen Weg darüber, was er alles damit spielen möchte.

Daheim angekommen, hat Jan keine Zeit seine Sachen aufzuhängen. Er lässt sie einfach im Flur fallen, zieht den Karton mit der Feuerwehr vom Flur in die Wohnstube und schneidet mit einer Schere die Verpackung vorsichtig auf.

Oh, was für ein schönes Auto!

Mutti reicht ihm die 2 Batterien für die Fernbedienung. Nun kann es endlich losgehen!

Aber was ist das?! Nichts geht los! Warum funktioniert nichts? Panisch und nervös dreht Jan seine Feuerwehr hin und her und entdeckt dabei unter dem Auto noch eine Klappe, die aufgeschraubt werden muss, für weitere Batterien.

Dort müssen 4 Stück eingelegt werden. Mit großen, fragenden Augen schaut er seine Mutti an. Ob sie noch genügend Batterien da hat? Ja, Mutti hat noch genügend da. „Jaaaaa! Juchhu!" Schreit Jan erfreut auf. Mutti hat erst vor kurzem eine Großpackung gekauft.

Schnell werden die Batterien eingelegt und die Klappe zugeschraubt. Und jetzt erster Versuch. „Ja! Ja! Ja!" jubelt Jan und springt durch das Wohnzimmer. „Sie funktioniert! Die Feuerwehr funktioniert!" schreit er dabei aufgeregt.

Die Fahrt geht vorwärts, geradeaus und rückwärts mit Kurve. Dazu kann Jan drei verschiedene Signale aufheulen lassen. Die Leiter lässt sich hoch und runter fahren und dabei noch nach rechts und links drehen.

„Ist die toll! Besser als ich gedacht hatte!" ruft Jan voller Begeisterung. Wenn die drei Signale gedrückt werden, leuchten sogar die Scheinwerfer auf und das Blaulicht oben auf der Fahrerkabine geht an.

Jan und Muti schauen sich das Feuerwehrauto genau an und Mutti muss mit ausprobieren. Das macht Spaß!

Lisa ist noch in der Schule, aber sie kann später auch mal mit dem Feuerwehrauto spielen.

'Was schaut Mutti bloß so? ` denkt Jan.

Sie schaut auf die Fernbedienung, auf die Leiter und den Schlauch, der daran befestigt ist.

„Jan, auf der Fernsteuerung steht noch was mit Spritze. Und schau mal hier auf die Leiter. Der Schlauch führt darunter durch. Das muss eine richtige Feuerwehrspritze sein. Ja, hier hinter der Fahrerkabine ist der Wassertank!"
Was für eine Überraschung! Jan springt auf und rennt in die Küche, um ein Glas Wasser und einen Trichter zu holen. Mutti hilft ihm dabei.
Gemeinsam befüllen sie den Wassertank. Nun drückt Jan auf den Knopf für die Wasserspritze und man hört eine Pumpe. Aber nichts kommt aus der Spritze heraus.

Jan holt tief Luft und atmet schwer aus. Indessen zieht Mutti mit dem Mund an der Wasserspritze.
Jan weiß gar nicht was das soll: „Mutti, du musst doch nicht gleich verrücktspielen und in den Schlauch beißen."

Sie lacht: „Jan, keine Angst. Beim Aquarium saugt man so auch den Wasserschlauch an, wenn man es reinigen will. Ich habe das jetzt mal ausprobiert. Indem ich die Luft aus dem Wasserschlauch sauge und wenn diese aufgebraucht ist, zieht es das Wasser in den Schlauch."

Jan drückt nun noch einmal. Nächster Versuch. Und tatsächlich kommt Wasser aus dem Feuerwehrschlauch. Er spritzt in der Küche auf dem Fußboden herum. Den kann man ganz gut wieder trocken wischen. Was für ein tolles Auto! Was für ein Spaß!

❖

Geburtstagskuchen-Essen

Lisa kommt endlich aus der Schule. Sie geht schon in die 7. Klasse und ist deshalb erst zum Nachmittag zu Hause. Jedoch immer noch pünktlich zum Geburtstagskuchen-Essen.

Zuvor rennt Jan freudig schreiend auf sie zu und plappert aufgeregt drauf los, was die Feuerwehr alles kann. Lisa kommt kaum dazu, sich ihre Sachen auszuziehen und aufzuhängen. Sie muss gleich mit ihm spielen. Ihr macht es genauso viel Spaß wie Jan.

Oma Hanna klingelt gerade eben. Sie weiß, wie gern Jan Käse isst und hat ihm eine Kuchenplatte voll mit verschiedenen Käsesorten zum Naschen mitgebracht.
Sie hat es so zubereitet, dass es aussieht wie Kuchen. Schmelzkäse in zerbröselten Salzstangen gerollt oder in zerkleinertem dunklen Brot. Das sieht aus wie Rumkugeln oder runde Pralinen mit Kokosflocken umhüllt.
Dann Pumpernickel, dunkles Brot, mit Käse in mehreren Schichten abwechselnd belegt und wie Torte ausgestochen. Das sieht lecker aus und ist mal was anderes als Sahnetorten, die Jan sowieso nicht mag. Oma Hanna hat immer so tolle Ideen.

Für die Gäste, welche lieber Kuchen essen, gibt es natürlich richtigen Apfelstreuselkuchen mit Puddingcreme gefüllt, eine Sahnetorte und dazu Kakao für die Kinder und Kaffee für die Erwachsenen.

Bevor alle mit dem Essen beginnen, darf Jan noch seinen Geburtstagskerzenkranz anzünden und die 8 Kerzen auf der Sahnetorte. Dafür braucht er fünf Streichhölzer. Nun kann er allen zeigen, wie groß er schon ist, wie sorgsam er mit Feuer und Kerzen umgehen kann.

Der Kuchen schmeckt lecker und die Käsetorte mit Salzstangen und Pumpernickel sind fast aufgegessen. Alle sind so satt und streichen sich über den vollgegessenen Bauch.

Oma Hanna hat nach dem Essen noch eine Überraschung. Sie holt aus einer Einkaufstüte ein Buch. Ein großes dickes rotes Buch.
„Worum geht es in dem Buch? Ich mag keine Märchen mehr." meint Jan schmollend. Sie schmunzelt und sagt, er solle doch den Buchtitel selbst lesen.
Jan liest laut vor: „Feuerwehren der Welt." Er schaut auf, blättert erst einmal wahllos darin herum und schaut sich die vielen Fotos von den verschiedensten Feuerwehrautos von der ganzen Welt an. „Das lese ich in Ruhe! Danke, Oma! Das ist ein cooles Buch!" und umarmt sie dabei.

„So, wir wollen noch ins Kino. Es ist Zeit die Kerzen auszumachen!" ruft Mutti.

„Was?!" ruft Jan aus dem Kinderzimmer. „Kino! Wirklich?"

Der tolle Tag nimmt kein Ende an Überraschungen. Lisa hockt sich vor Jan und überreicht ihm seine Kinokarte als Geschenk. „Du hast doch heute noch gar kein Geschenk von mir bekommen. Das ist deine Überraschung von mir." Jan lächelt erfreut und kann es kaum fassen. Kino!

„Ich will die Kerzen auspusten! Darf ich?"

„Aber Jan. Du bist das Geburtstagskind. Du musst sie sogar ausmachen. Wie wäre es, wenn du heute ausnahmsweise mal die Kerzen mit deiner neuen Feuerwehr löschst?"

„Darf ich wirklich?"

„Ja. Los! Die Tischdecke kann man trocken wischen. Ist ja eine Wachstuchdecke."

Jan lenkt seine Feuerwehr zum Tisch und fährt die Leiter aus. Stellt die Leiter auf die richtige Position ein, um die Flammen zu treffen. Und die ersten Wasserspritzer werden abgeschossen.

Lisa hält das Tablett hinter die Kerzen, da das Wasser sonst bis an die nächste Wand spritzen würde.

„Ja! Treffer!" Eins, zwei, drei, vier, fünf, sechs, sieben, acht. Acht Kerzen wurden soeben auf der restlichen Sahnetorte gelöscht.

Und noch einmal. Eins, zwei, drei, vier, fünf, sechs, sieben, acht. Acht Kerzen auf dem Geburtstagskerzenkranz sind aus.

Was für ein Spaß! Alle Flammen sind gelöscht.

Der Spaziergang zum Kino tut allen nach dem vielen Essen richtig gut.

Oma Hanna begleitet sie noch dahin und verabschiedet sich vor dem Kino. Sie geht nach Hause, weil `Kino nicht ihr Ding ist`, wie sie immer sagt. Jan findet ihre Oma-Sprüche immer ganz lustig.

Nach dem Kino lachten Jan, Lisa und Mutti zusammen auf dem Heimweg über die verschiedenen lustigen Filmabschnitte mit den kleinen gelben, eierförmigen Männchen mit den großen Augen und den blauen Hosen.
Da ging es an einer Stelle auch darum, das Feuer zu löschen.

Aus dem Kino heraus strömten dann einige Kinder und riefen dabei „Bi do! Bi do!" so wie im Film und alle fanden es lustig, obwohl es nervig klingt, wenn man den Film nicht kennt.
Denn die Kinder hörten nicht auf ihr „Bi do! Bi do!" zu rufen und rannten dabei wild den Fußweg entlang und um ihre Eltern oder ihre Begleitung herum.

Das war ein schöner Tag

Zu Hause angekommen darf Jan noch solange mit seiner Feuerwehr spielen, bis das Abendessen fertig ist.

Bei Mutti am Aufgabenplan steht noch Blumen gießen, als nicht erledigt.
Sie hat eine Idee. „Jan, meine Sprühflasche für die Blumen ist kaputt. Ich hatte noch keine Zeit, eine neue zu holen. Hast du Lust mit deiner Feuerwehr die Blätter an den Pflanzen zu besprühen? Lisa kann dir helfen. Sie schiebt die Gardinen zur Seite und sagt dir, ob du richtig mit dem Wasser zielst.“

„Oh, ja! Das ist toll!“ freuen sich beide Kinder. Und schon geht es los.
Vorwärts, rückwärts, mit Licht und Sirene. Leiter ausfahren, richtig drehen und „Wasser marsch!“ schreit Jan laut und aufgeregt.

Die Blumen werden besprüht. Lisa macht es ebenfalls Spaß. Ab und zu darf sie auch mal einige Pflanzen bespritzen. So sind nicht nur die Pflanzen nass, sondern auch die ganzen Fensterscheiben. Mutti stört das heute nicht weiter.

Sie bereitet mit Salami und Käse überbackene Toastscheiben vor. Dazu gibt es gemischten Salat. Und ab und zu schaut sie nach den Kindern.

Als das fertige Essen auf dem Tisch steht, können sie gemeinsam essen.

Auch der schönste Tag geht mal vorbei. Nun ist es an der Zeit zum Schlafen gehen.

Jan und Lisa gähnten schon beim Abendessen. Der Tag war aufregend.

Jan geht sich waschen, putzt sich die Zähne und zieht sich den Schlafanzug mit der Feuerwehr darauf an. Jetzt ist Jan bettfertig.

Es gibt ein Gute-Nacht-Küsschen für Lisa und ein weiteres für Mutti. Die Feuerwehr wird neben das Bett gestellt. Noch einmal gähnen und nun kann Jan träumen.

Denn nächste Woche wird er endlich das erste Mal zur Kinder- und Jugendfeuerwehr gehen, um sich selbst als kleinen Feuerwehrmann ausbilden zu lassen.

Oft war die Kinder- und Jugendfeuerwehr im Kindergarten zum Vorführen, was sie gelernt haben. Und einmal schon in der Schule. Da war Jan leider noch zu jung, um da mitmachen zu können.

Nächste Woche ist es endlich so weit: Jan wird Feuerwehrmann!

Das war ein super, super, toller
Feuerwehr-Geburtstag.

Opa-Martin-Nudeln (Kochen mit Topf und Pfanne)

Für 4-6 Personen

Zutaten:

250g	Makkaroni Chips
3 – 5	Kartoffeln
2 – 3	Zwiebeln
5 – 8	Gewürzgurken
100 ml	Brühe von den Gewürzgurken
125g	Schinkenwürfel
1 TL	Salz
2 EL	Öl
2 EL	Maggiwürze
1 Pack	Käse zum Streuen (wer mag)
1 Fl.	Ketschup (wer mag)

Im Topf kochen:

1,5 L   Wasser
zum Kochen bringen, dann erst leicht salzen

250g   Makkaroni-Chips
dazugeben und 18 Minuten kochen,
                                anschließend
durch ein Sieb abgießen und kurz mit kalten
Wasser abspülen

In einer großen Pfanne:

3 – 5	Kartoffeln würfeln, mit Wasser bedeckt, leicht gesalzen, kochen bis sie fast weich sind
	➢ Umfüllen in einen kleinen Topf oder in eine Schüssel
2 EL	Öl in der Pfanne erwärmen
2 – 3	Zwiebeln, in Streifen geschnitten dazugeben und glasig andünsten
5 - 8	Gewürzgurken, in Würfel geschnitten zu den Zwiebeln in die Pfanne geben, unter umrühren weiter braten
125g	Schinkenwürfel zu der Masse in die Pfanne geben und weiter rühren
	➢ Kartoffelwürfel dazugeben und alles unter Rühren weiter braten

Die abgetropften, gekochten Makkaroni-Chips in die Pfanne füllen und die Gurkenbrühe sowie die Maggiwürze unterrühren. Abschmecken und fertig.

Alles kurz durchbraten und mit Käse, Ketschup und Maggiwürze servieren.

Tipp: Schmeckt manchem auch kalt oder die Restnudeln kann man auch mit Käse überbacken.

Rezept Geburtstagskuchen

Streuselkuchen mit Obst
Für 8 – 12 Personen

Zutaten:

500g	Obst (Äpfel, Kirschen, Pflaumen)
100g	Zucker
300g	Mehl
200g	kalte Butter (in Stücken)
1	Ei

Das Obst waschen und schneiden, entkernen.

Zucker, Mehl, Butter und das Ei in einer Rührschüssel zu einem Teig kneten.

Die Hälfte des Teiges in eine gefettete Backform geben und andrücken.

Das vorbereitete Obst darauf legen.

Den restlichen Teig zwischen den Händen zu Streuseln reiben und über das Obst streuen.

Im Backofen 45 Minuten bei 190 Grad O/U-Hitze backen.

Varianten:

- Rosinen zu den Äpfeln mischen

- etwas Zimt und Zucker über die Streusel geben

Hier kannst du deine eigene
Feuerwehr malen

Herstellung und Verlag:

BoD – Books on Demand, Norderstedt

Bibliografische Information der Deutschen
Nationalbibliothek

Die Deutsche Nationalbibliothek verzeichnet diese
Publikation in der Deutschen Nationalbibliografie;
detaillierte bibliografische Daten sind im Internet
über http://dnb.d-nb.de abrufbar.

ISBN: 978-3-7460-9169-3